NOTRE-DAME-DES-ROSES

A la même librairie

volumes in-18.

L'AMI INCONNU.
LES DEUX FRÈRES.
LE DOCTEUR MORIZOT.
EXEMPLES DE VERTU.
GEORGES, ou le Bon Usage des richesses.
GUSTAVE, ou l'Orphelin du presbytère.
L'HONNEUR D'UN PÈRE.
LES JOIES DE LA FAMILLE.
LUCIEN DE BELLEROCHE.
LA PLANCHE DE SALUT.
LE PRISONNIER DE RUSSIE.
UNE FAMILLE FRANÇAISE CHEZ LES IROQUOIS.
UNE HISTOIRE CONTEMPORAINE.
VOYAGE SUR LA MER DU MONDE.
PÉDRO.
JEANNE D'ARC.
INGRATITUDE ET RECONNAISSANCE.
HISTOIRES ET PARABOLES.
LA CROIX D'OR.
CAPTIVITÉ ET MORT DE LOUIS XVI.
VIE DE LOUIS XVII.
AMANDA DE FITZ-OWALD.
GENEVIÈVE DE BRABANT.
LA FAMILLE CHRISTIAN.
LES FRANÇAIS A ROME en 1849 et en 1850.
FERNAND ET ANTONY.
FRÈRE ET SŒUR; suivi de quelques nouvelles.

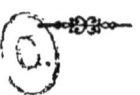

NOTRE-DAME-DES-ROSES

... voilà la chapelle de Notre-Dame-des-Roses...

NOTRE-DAME
DES ROSES

HISTOIRES ET LÉGENDES

DE QUELQUES SANCTUAIRES CONSACRÉS

A MARIE

LILLE

L. LEFORT, IMPRIMEUR-LIBRAIR

M D CCC LVIII

Droits de reproduction et de traduction réservés.

NOTRE-DAME-DES-ROSES

NOTRE-DAME-DES-ROSES

LÉGENDE

I

Dans une de nos promenades sur les montagnes, nous étions, Ernest et moi, ravis au spectacle des scènes admirables que la nature déroulait devant nos yeux, lorsque nous vîmes venir à nous, appuyé sur un long bâton noueux, un vieillard aux cheveux blancs, dont le front ne s'était pas encore incliné vers la terre, malgré les ravages du temps et le poids des années.

Voici sans doute, me dit Ernest, le patriarche de céans qui vient nous inviter à nous asseoir à son foyer et à nous reposer sous sa tente....

Ernest ne s'était pas trompé, car le vieillard, après nous avoir salués avec bonté, nous invita gracieusement à le suivre et nous conduisit dans sa chaumière.

Ce fut avec plaisir que nous acceptâmes la collation qui nous fut offerte : l'air vif de la montagne et la marche que nous venions de faire avaient aiguisé notre appétit.... Après avoir ranimé nos forces par le repos et la nourriture, nous voulûmes visiter en détail le charmant séjour qui avait tout d'abord excité notre surprise et notre admiration. Le vieillard se leva pour nous accompagner lui-même, et dans cette promenade, nous pûmes nous extasier sur le bonheur et l'aisance qui régnaient au sein des montagnes. Notre guide souriait à chacune de nos exclamations et restait silencieux.... Puis, quand nous eûmes parcouru tout son petit domaine, visité ses prairies verdoyantes, respiré le parfum des fleurs de son jardin, il nous dit avec gravité :

— Ce n'est pas moi qui ai fait tout cela, c'est la bonne Dame des Roses....

A ces mots, je pressentis une légende, une histoire d'aïeux, que sais-je, moi ? une de ces mille choses dont la croyance fait du bien au cœur de l'homme. Aussi je ne laissai pas échapper l'occasion de m'éclairer là-dessus, et je lui demandai :

— Qu'est-ce donc que cette Dame des Roses ?

Sans me répondre, le vieillard se dirigea vers un rocher recouvert de branches de lierre, du milieu desquelles jaillissait une petite cascade qui retombait en gouttes perlées sur l'herbe de la prairie. Au pied de ce rocher, je vis, sur un banc de mousse, une statue noire de Marie; à ses côtés croissaient deux magnifiques rosiers dont les dernières fleurs venaient s'entrelacer près d'une simple croix de bois. Nous n'avions encore rien vu de plus frais et de plus élégant.... Ce bouquet de roses toujours fraîches qui ombrageaient l'image de Marie ; cette pluie de la cascade, dont les gouttes venaient se perdre dans leur calice ; ce rocher, ce lierre, ces branches de feuillage à travers lesquelles on voyait quelques échappées de ciel bleu ; ce tapis de verdure que nous foulions aux pieds : tout cela, certes, était empreint d'amour et de poésie, et portait les traces de la reconnaissance la plus vive et la plus affectueuse.

A peine étions-nous arrivés, que le vieillard se mit à genoux, fit le signe de la croix et récita une courte prière. Ce fut avec bonheur que nous l'imitâmes, et je ne saurais dire les saintes et consolantes pensées qui vinrent m'assaillir à la vue de ces deux âges si différents de la vie, prosternés aux pieds de la même Mère, récitant sans doute la même prière ; car notre premier mot à Marie n'est-il pas le salut de l'Ange à Nazareth, le bien-aimé et gracieux *Ave Maria?*

II

— Voilà, me dit le vieillard en se levant et comme pour répondre à ma précédente question, voilà la chapelle de Notre-Dame des Roses...

Cette réponse seule ne me suffisait pas. Comme je l'ai dit, je pressentais une légende, et j'aime trop ces récits merveilleux de nos ancêtres pour reculer devant l'idée de passer comme importun et indiscret à force de questions. Aussi je me hâtai de demander une seconde fois quelle était l'origine de ce nom de *Dame des Roses* donné à Marie.

— Monsieur, me répondit le vieillard, ceci est une histoire bien connue dans nos montagnes; la voici telle que me la racontait mon père, il y a soixante ans :

Pendant les guerres de religion, un moine fuyant les ruines de son monastère et le bûcher des hérétiques, vint se réfugier ici et se bâtit une cellule à l'endroit même où vous voyez ma demeure. Ce petit vallon n'était pas comme aujourd'hui, riant, fertile et cultivé ; on n'y voyait, au contraire, que des pierres énormes, des ronces et des épines.

D'abord ce pauvre solitaire ne prit pour toute nourriture que des racines sauvages... Que pouvait-il faire de plus? la pierre ne rend pas le grain qui se perd dans ses fentes... Bientôt cependant, il voulut défricher autour de lui. Il parvint à enlever une roche, puis deux, puis trois ; mais, hélas ! après une année de fatigues inouies, il lui restait autant de travail à faire que lorsqu'il y mit la main pour la première fois... Le découragement commençait à s'emparer de lui, lorsqu'un jour, suppliant le Seigneur de lui donner des forces et du courage, il vit paraître devant lui une belle dame enveloppée d'un nuage parfumé... Le pauvre homme crut d'abord qu'il rêvait ; il se frotta les yeux bien fort, et la dame restait toujours ; donc il ne rêvait pas... puis tout-à-coup, il pensa que ce pourrait bien être la bonne Vierge Marie ; car sa figure avait quelque chose de céleste et ressemblait beaucoup à la Madone de son couvent. Muet de surprise et de bonheur, à cette idée lumineuse, il lui tendait les bras, il la regardait avec extase et amour. Alors Marie (car c'était elle) lui dit : « Mon fils, descends de la montagne, retourne dans ton monastère, et tu chercheras, parmi les ruines fumantes, mon image devant laquelle tu es venu si souvent te prosterner quand elle était triomphante et parée sur l'autel que tes mains et celles de tes frères avaient orné de fleurs. La fumée et le feu l'ont noircie, mais elle a échappé à la rage des sacriléges ; prends-la et apporte-la dans cette retraite, où je veux que tu viennes chaque jour m'honorer et me prier. »

Cela dit, la belle Dame disparut, laissant le solitaire ravi et heureux de la faveur qui venait de lui être accordée.

Que pouvait-il maintenant refuser à Marie ? Aussi, malgré la terreur que lui inspiraient les hérétiques, il quitte sa retraite, arrive au milieu des décombres de son ancienne demeure, fouille chaque ruine, déplace chaque pierre, sonde la poussière, d'abord sans succès.... Mais, ô bonheur! ses yeux rencontrent les restes brisés d'une couronne; sans aucun doute, la statue qui l'a portée ne doit pas être loin de ce lieu.... Bientôt il a découvert le précieux trésor, il s'en empare avec joie et gravit de nouveau la montagne, non sans avoir donné quelques larmes au souvenir du temps passé et à la pensée du peu de durée des choses de ce monde. Mais quel spectacle s'offre à ses yeux lorsqu'il arrive enfin dans sa chère retraite! Au lieu des rochers nus et des terres arides qu'il avait laissés, il retrouve de vertes prairies au milieu desquelles coule un limpide ruisseau; partout les fleurs les plus fraiches, le myosotis, l'anémone, la primevère, la pervenche, étalaient au soleil leurs brillantes pétales. Plus loin, à l'endroit même où il avait vu Marie, deux magnifiques rosiers s'élevaient entrelacés avec les branches de l'élégant convolvulus, et retenus au rocher par un lien gracieux et doux, nommé le fil de la Vierge.

A cette vue, le pieux solitaire ne savait comment exprimer son bonheur et sa reconnaissance.... Ce fut sous le berceau de roses qu'il déposa la statue noire de sa bonne Mère, et ce fut là que chaque jour il vint lui offrir des fleurs fraîches et pures, et répandre son âme en prières ferventes.... Enfin, un jour il cessa de faire retentir la montagne de ses hymnes et de ses cantiques d'actions de grâces; la mort était proche, lorsque Dieu ou Marie lui envoya un berger qui recueillit cette histoire de sa bouche mourante, lui ferma les yeux et ensevelit sa dépouille mortelle aux pieds des deux rosiers qui, chaque année depuis, donnent à profusion leurs feuilles et leurs fleurs.

Plus tard, le charitable berger vint s'établir ici avec sa famille, et dès ce jour, cet héritage de l'ermite du Val aux Rochers a passé de père en fils jusqu'à moi, qui en suis l'heureux possesseur. La bonne Vierge qui nous protège m'a donné avec l'aisance et le bonheur une famille sage et vertueuse.

Marie est la bonne gardienne, la maîtresse bienfaisante de ces lieux; aussi j'avais raison de vous dire que cette prospérité, cette aisance que vous admiriez tout à l'heure, était son ouvrage.

Quand le vieillard eut cessé de parler, je vis tomber sur ses joues blanches et ridées, deux grosses larmes qu'il essuya furtivement du revers de sa main.... Douces et saintes larmes que la reconnaissance et l'amour avaient formées au fond de son cœur, et que l'ange du Seigneur recueillit sans doute pour les offrir à la bonne et tendre Marie !

L'heure du soir avançait à grands pas; les jours s'écoulent si rapides et si purs, quand on vit sous le regard d'une mère ! Toutefois, nous ne nous éloignâmes qu'après avoir récité encore un *Ave Maria*, et demandé la permission de cueillir une rose et de l'emporter comme souvenir de notre passage dans le Val aux Rochers; ce qui nous fut accordé avec empressement....

Puis, le bon vieillard, prenant nos mains

dans ses mains tremblantes, nous souhaita toute sorte de bonheurs, et appela sur nos jeunes têtes la protection de Marie et les bénédictions du Ciel. Pour nous, ce fut avec émotion que nous lui dîmes adieu, en le remerciant de nous avoir accueilli avec tant de bienveillance et de nous avoir fait connaître la pieuse légende de Notre-Dame-des-Roses.

NOTRE-DAME-DES-ANGES

Lorsqu'il fallut, à vingt-cinq ans, choisir entre le monde et Dieu, François d'Assise se donna à Dieu sans réserve et sans partage. Dévoué au culte si consolant, si rassurant et si tendre de la Vierge sainte et des anges fidèles, il se réfugia dans une petite chapelle consacrée à Notre-Dame-des-Anges. D'où venait à ce sanctuaire un nom si charmant? Une croyance générale établissait qu'on avait entendu plusieurs fois dans cette chapelle les concerts des esprits célestes. Les laboureurs du voisinage attestaient que ce prodige se renouvelait fréquemment; que plusieurs fois, attirés par la sainte harmonie qui remplissait le sanctuaire, ils s'en étaient approchés avec respect; qu'ils avaient vu alors, parmi les flots d'une mystérieuse lumière qui jaillissait des fenêtres, les anges de Dieu groupés autour de l'image sainte.

Cette image de la Vierge Marie, s'il faut en croire les traditions, avait été apportée dans le pays en 352 par quatre pieux ermites venus de Palestine. Ils avaient obtenu du pape Libère d'habiter la vallée de Spolette; ils y avaient bâti une petite chapelle, et comme ils y déposèrent un fragment du sépulcre de la sainte Vierge, on appela d'abord cette chapelle *Sainte-Marie-de-Josaphat*. Les moines de Saint-Benoît l'agrandirent au sixième siècle. Depuis lors, pour la raison merveilleuse que nous avons exposée, on la nommait *Dame-Notre-des-Anges*. Elle portait encore le nom de *Portioncule*, parce que le champ où elle était bâtie n'occupait qu'une étroite portion du domaine des Bénédictins, au mont Sublacio, près d'Assise. François, souvent en prières dans cette petite église, y fut favorisé de visions et de faveurs si douces, qu'il s'écria : « C'est ici en effet la demeure des anges, et l'un des temples que Marie affectionne. »

Il eût bientôt, dans sa vie de renoncement, des compagnons qui s'attachèrent à lui : il en comptait douze, que cette communauté naissante n'avait encore pour logis qu'une petite cabane. Le saint fut donc bien heureux lorsque les Bénédictins, un jour, lui donnèrent la chapelle qu'il aimait et la maison qui y était attachée. Ce fut là qu'il se fixa constamment....

Six cents ans se sont écoulés depuis la mort du séraphique ; et comme un doux parfum, son souvenir embaume encore toutes ces vallées, ces montagnes, ces villes, ces villages, ces solitudes de l'Ombrie. Quand on est sur la route qu'il a tant de fois de fois parcourue, nu-pieds, la corde à la ceinture et la bure grossière sur le corps, il semble entendre les échos d'alentour répéter les prières du bon religieux et les paroles que Jésus-Christ se plaisait à adresser à l'époux de la sainte pauvreté, au futur soutien de l'Eglise.

Après avoir traversé Spello, le pèlerin découvre aujourd'hui au milieu de la plaine une magnifique église et un vaste monastère dont les proportions grandioses et pures rappellent le Bramante et Vignola : c'est Notre-Dame-des-Anges, non plus humble et pauvre, mais revêtue d'un manteau de reine. Sous le grand dôme de cette église on retrouve la petite église, la chère *Porziuncula*, encore toute parfumée de la présence de François d'Assise. C'est là qu'il a prié, qu'il a pleuré, qu'il a reçu de Dieu la grâce de fonder un grand ordre dans l'Église. En vérité, ce lieu est saint ! Toutes les générations y ont passé, et elles ont senti descendre sur elles la force, la résignation, l'espérance. Notre-Seigneur Jésus-Christ l'avait promis à son serviteur François, et sa parole est éternelle.

Notre-Dame-des-Anges est aujourd'hui un des plus magnifiques temples et un des plus vénérables sanctuaires de l'Italie. Sa gloire lui vient de la vision de saint François, que le pinceau d'Owerbeck a reproduite dans une fresque, chef-d'œuvre de la renaissance catholique et de l'art.

On connaît généralement, et l'on peut lire d'ailleurs en de nombreux ouvrages spéciaux tout ce qui a trait à cette vision du séraphin d'Assise et la célèbre indulgence dite de la Portioncule qui lui fut accordée à sa prière sur l'intercession de Marie et par Jésus-Christ lui-même. C'est le 2 août de chaque année que s'en célèbre le souvenir. Depuis six cent vingt ans toutes les populations de l'Italie et de nombreux pèlerins de toutes les parties de l'Europe et du monde sont accourus à cette fête de miséricorde et de grâce. Quel spectacle, s'écrie un auteur catholique qui fut naguère témoin de ce concours, quel spectacle que ces troupes de quinze mille, vingt mille pèlerins arrivant de toutes les parties du monde et campant dans la plaine deux ou trois jours avant l'heure sainte! Bien des peuples ne sont plus que faiblement représentés à ce saint rendez-vous d'indulgence, où l'on comptait jadis cent mille personnes; mais les Italiens y sont restés fidèles.

C'est là qu'il faut les voir avec leurs costumes si gracieux et si variés. Ce sont les paysans de la Toscane, les plus propres, les plus élégants de tous, surtout les femmes avec leur vêtement toujours bleu ou écarlate, leurs cheveux ordinairement blonds, nattés en rond derrière la tête, leurs chapeaux de paille et les longues touffes de rubans de diverses couleurs qui flottent autour d'elles. Ce sont les montagnards de l'Ombrie et des Abruzzes avec leurs braies serrées, leur justaucorps gris, leurs larges chapeaux, et cette chaussure de grosse toile et de cuir liés avec des cordelettes; les femmes avec leur coiffure si riche, quoique grossière et simple, en toile blanche et de couleur, leur corset de velours vert ou rouge bordé de noir; leurs jupes larges à mille plis, et leur mantelette, longue pièce de drap ordinairement rouge ou bleu, bordée de quelque couleur voyante, et dont elles se drapent d'une manière pittoresque. C'est là, dans cette grande fête populaire, que le peuple italien apparaît réellement peuple-roi, roi de la grâce, de la poésie, de l'art.

L'église de Notre-Dame-des-Anges est le sanctuaire de l'art catholique ; rien peut-être n'égale sa magnificence ; c'est le premier monument gothique de l'Italie, il respire le symbolisme profond des temples du Nord. Cette église est double : c'est que, comme à Notre-Dame-de-Lorette, l'humble sanctuaire de saint François se trouve enfermé sous une magnifique église : c'est une épopée qui retrace la vie du saint dans sa double phase du temps et de l'éternité.

L'église inférieure, image de François sur la terre, respire la tristesse, la pauvreté et la pénitence. Aux compartiments de la voûte du transept, vous voyez les inséparables compagnes ou, pour mieux dire, la personnification du glorieux patriarche. C'est la sainte pauvreté, la sainte obéissance, la sainte chasteté, et plus haut la glorification de François, assis sur un trône d'or, rayonnant de lumière, revêtu de la riche tunique de diacre, et entouré des chœurs angéliques qui célèbrent son triomphe. L'œil admire ces chefs-d'œuvre, le cœur prie devant ces figures, et l'esprit demande quel est l'auteur de ces pages inspirées. Cimabue, Giotto, Giottino, Stefano Fiorentino, Puccio Capanna, Buonnamico, Buffalmacco et bien d'autres sont venus écrire quelques lignes de ce poème angélique, et devant ces grandes figures les siècles sont restés muets d'admiration.

L'église supérieure, brillante, lumineuse, image de François dans les splendeurs de l'éternité, forme un habile contraste avec l'église inférieure. Cimabue y peignit les quatre docteurs, saint Ambroise, saint Augustin, saint Grégoire et saint Jérôme, et les grandes fresques de l'Ancien et du Nouveau Testament. On attribue à Margaritone les gigantesques figures qui ornent les côtés d'une fenêtre, et à Aluigi d'Assise, le condisciple et l'ami de Raphaël, les inimitables groupes des quatre prophètes et des quatre sibylles.

Nous avons dit que cette église est double; bâtie sur le modèle de la croix, elle offre de plus, dans sa partie inférieure, la figure mystérieuse du *tau* imprimé sur le front de de saint François; dédiée à Marie, reine des anges, et aux saints apôtres, elle a ses murs de marbre blanc, pour signifier la pureté de Marie et des anges, et ses douze tourelles de marbre rouge en mémoire du sang répandu des apôtres.

NOTRE-DAME-DE-L'AUMONE

Près de Rumilly (Savoie).

Au milieu de la riante vallée de Rumilly, dont les beautés pittoresques, minutieusement étudiées, défient les ressources du langage et les richesses du pinceau, apparaît cette simple et gracieuse chapelle, qui se recommande au crayon des dessinateurs par le charme de son site, à la piété des fidèles par la célébrité dont elle jouit et qu'elle justifie, à l'attention des archéologues par ses légendes et une partie de sa vieille architecture.

Respectée des siècles, des hommes et des révolutions, *Notre-Dame-de-l'Aumône* a vu accourir dans tous les temps une foule de pèlerins franchissant de grandes distances, quittant les uns des palais, les autres des chaumières pour lui confier leurs doléances ou lui demander des miracles. Déjà, au commencement du seizième siècle, ce sanctuaire avait obtenu un vaste et pieux retentissement qui arriva jusqu'aux oreilles des guerriers assourdis par le fracas des armes et des princes absorbés par les combinaisons de la politique; et le mois de mai 1517 vit s'agenouiller à l'*Aumône* le roi François I*er*, qui avait fait à pied et en aube de pénitent blanc le voyage de Vienne à Chambéry pour y visiter le Saint-Suaire; et le 28 février 1832, son neveu, le duc de Savoie, Charles III, vint dans cet oratoire implorer la toute-puissante protection de la Mère de Dieu. Ne pouvant livrer à l'édification des serviteurs de Marie le récit de toutes les merveilles dues à l'intercession de Notre-Dame-de-l'Aumône, nous nous bornerons à raconter quelques-uns des principaux documents et miracles qui recommandent à la confiance des âmes pieuses ce sanctuaire le plus ancien et un des plus vénérés de la Savoie.

Le souvenir de sa construction est embelli d'une légende à la fois délicieuse et effrayante qui forme dans l'âme un indicible mélange de respect, de crainte, d'espérance et de joie; la voici en peu de mots :

Avant qu'aucun pont fût jeté sur le Chéran pour faire passer la voie romaine tendant d'Albens à Genève par saint Marcel, Rumilly, Sales, etc., etc., les voyageurs étaient obligés de traverser la rivière à gué, au sud-est et à un demi-kilomètre de la ville. A cet endroit, la piété de nos aïeux avait placé, dans un bosquet touffu, une statue en bois de la sainte Vierge, comme pour protéger les passants et les inviter à saluer et prier celle que les hommes ont tant besoin d'invoquer et qu'ils n'invoquent jamais en vain.

Un jour de l'an 1240, le seigneur Amédé de Gonzié, accompagné de ses vassaux, s'amusait à poursuivre les bêtes dans les forêts situées sur les rives du Chéran ; voyant, à quelques pas, la statue antique et vénérée de la Vierge, il eut l'audace et l'impiété de décocher une flèche contre sa face. Quel acte, grand Dieu!!! Mais le trait revint immédiatement contre le chasseur, pénétra dans ses yeux et le priva subitement de la vue. Saisi de la plus vive frayeur, A. de Gonzié tomba à terre et se prit à réfléchir..... Comprenant toute l'énormité de sa faute, ce seigneur félon et mécréant s'humilia profondément devant l'image de la Vierge et lui promit de construire, sur les bords de la rivière, une chapelle en son honneur si elle lui obtenait la grâce de recouvrer la vue.... Il trouva aussitôt dans la Mère de Dieu une mère de miséricorde, et sa prière fut exaucée!... La reconnaissance d'Amédé de Gonzié éleva bientôt ce sanctuaire et y transporta la statue miraculeuse ; c'est la même qu'on voit aujourd'hui sur le maître-autel, enfermée dans une magnifique niche, portant une couronne sur la tête, vêtue d'une robe de soie azurée que recouvre en partie un manteau enrichi de franges et de broderies. Oh! depuis six cents ans, que de têtes se sont inclinées devant elle! que de doux pleurs ont coulé à ses pieds! que de prières exaucées! que de grâces obtenues!...

Pour garder et desservir l'oratoire sacré, A. de Gonzié fit construire un vaste monastère, richement doté et confié aux chanoines réguliers de saint Augustin; il chargea ces admirables enfants de saint Bernard de donner, dans leur prieuré de Rumilly comme dans la région des neiges, asile à tous les pèlerins et pendant trois jours une hospitalité généreuse à tous les voyageurs que la crue des eaux empêcherait de traverser la rivière, ce qui fut exécuté pendant cinq siècles. De là est venu le titre de *Notre-Dame-de-l'Aumône*.

En 1793, à cette époque de funèbre mémoire, où le vandalisme révolutionnaire gronda ét éclata sur toutes les églises et maisons religieuses de Rumilly, le sanctuaire de Marie fut vendu avec toutes ses dépendances; ses rentes et ses fondations furent aussi confisquées par la cupidité de quelques *philanthropes*.

Chose remarquable, pendant les années de

la terreur, où le philosophisme, au lieu *d'honorer* la Vierge, *adorait* la *Raison*, sous un emblème hideux, la chapelle de Rumilly n'a jamais été profanée; jamais le marteau n'a frappé ses murs, jamais les mains n'ont procédé à la spoliation. Un miracle l'avait donnée, un miracle devait la rendre à la piété de Rumilly et de toute la contrée. M. le comte Aimé-Vincent-Gaspard de Pingon de Laprunarède, gentilhomme d'origine languedocienne, domicilié à la Motte et à Marlioz (Savoie), avait professé, dès ses jeunes ans, une grande dévotion à la Vierge de l'*Aumône*, et, deux fois chaque année, il faisait un pèlerinage au sanctuaire si vénéré. En 1793, le comte de Pingon avait été traîné dans les prisons de Paris; son titre de noble et de chrétien était son seul crime, et, pour expier ce crime, il ne devait sortir de prison que pour être conduit à l'échafaud. Il recourut à la très-sainte Vierge.... et promit à son divin Fils que, s'il échappait à la guillotine, il rachèterait, aussitôt que des temps meilleurs le permettraient, et rendrait à sa destination la chapelle de *Notre-Dame-de-l'Aumône*.

La Mère de Dieu écouta la prière de ce pieux serviteur..... les portes des prisons s'ouvrirent miraculeusement devant le comte de Pingon.

Quand Napoléon, tout couvert des lauriers d'Arcole, des Pyramides et de Marengo, eut réconcilié la France avec la gloire et avec le siége de saint Pierre, M. Pingon racheta la chapelle de l'*Aumône* le 3 fructidor 1805, et, par acte du même mois, il en fit donation à la ville et paroisse de Rumilly. Cette donation fut approuvée, le 7 janvier 1806, par décret de l'empereur Napoléon.

Que de souvenirs précieux sont rappelés par ce monument et ce témoin de la foi de nos aïeux ! Que de prodiges ont été dus à l'invocation de la Vierge de l'*Aumône !*... Pour justifier leur confiance en elle, citons encore un événement trop célèbre pris entre mille autres, événement trop mémorable pour être laissé dans l'oubli.

En 1514, la veille de la Fête-Dieu, le

duc de Savoie, Charles III, étant entré solennellement à Rumilly, les habitants voulurent, par des feux et des illuminations extraordinaires, lui manifester la joie qu'ils éprouvaient de le posséder dans leurs murs; la plupart des maisons n'étant à cette époque couvertes qu'avec du bois ou du chaume, la ville, par l'imprudence d'un individu, fut bientôt toute en feu; un violent orage donnait de l'activité aux flammes, et en peu d'instants deux rues furent réduites en cendres.... Quand on vit que l'eau était impuissante et inutile, la pensée de recourir à la Vierge de l'*Aumône* vint dans l'esprit de tous les habitants. Quelques pieux fidèles coururent au sanctuaire, prirent la statue miraculeuse et l'apportèrent dans la ville abandonnée aux flammes. On la promène au milieu des rues; le peuple, en la suivant, chante avec confiance la strophe neuf fois répétée : *Monstra te esse Matrem*, etc., et à l'instant toutes les flammes s'éteignirent comme par enchantement.

Cette délivrance merveilleuse exalta la foi

et la reconnaissance des Rumiliens ; ils rapportèrent au sanctuaire, en triomphe et à pieds nus, la statue de Marie, et, pour consacrer le souvenir de ce grand miracle, ils promirent à *Notre-Dame-de-l'Aumône* de faire à perpétuité, en son honneur, abstinence la veille de la Fête-Dieu. Ce vœu aujourd'hui n'est point oublié, et les fils n'ont jamais renié les engagements de leurs pères....

Depuis plus de six cents ans cette chapelle a toujours conservé son ancienne célébrité ; toujours elle est visitée par des foules nombreuses et pressées. Au mois de mai surtout, ce mystérieux et solitaire oratoire est sans cesse animé par l'affluence des âmes pieuses ; les rives profondes du Chéran sont réjouies et sanctifiées par l'abondance des supplications, et le roulement de ses ondes est couvert par le chant des cantiques. C'est spécialement le premier dimanche de mai que les Rumiliens déploient toute leur dévotion envers la Mère de Dieu et présentent un spectacle imposant et délicieusement poétique qui retrace si bien la foi naïve et forte de leurs ancêtres. Ce jour est pour eux la plus belle fête du printemps. A l'issue des vêpres solennelles, toutes les cloches s'ébranlent et remplissent les airs d'une harmonie majestueuse; une procession générale s'organise avec une ravissante magnificence. De l'église paroissiale au sanctuaire de l'*Aumône*, les rues de la cité sont tapissées de verdure et ornées de guirlandes entrelacées qui laissent pendre à chaque pas des couronnes chargées des expressions variées de l'amour envers Marie. La statue de la Vierge est portée, parmi les chants, l'allégresse, l'encens et les fleurs, par de jeunes vierges vêtues comme les lis des campagnes. La procession traverse le Champ-de-Mars et toutes les allées ombreuses des maronniers séculaires que les cantiques et les hymnes remplissent alors d'une harmonie suave et délicieuse; elle s'avance sur les rives pittoresques du Chéran qui, parées de tous leurs charmes, présentent le plus gracieux coup-d'œil ; elle parcourt les champs fleuris et embaumés à l'est de cette rivière dont les flots répondent sans cesse à la voix imposante des cloches animant les airs de leurs joyeux carillons, et aux chants mélodieux de l'*Ave maris Stella* ou des saintes litanies....

Pendant que, sous l'azur des cieux, toutes les voix et tous les cœurs se confondent pour louer la *Vierge de l'Aumône*, les ministres de l'Eglise entrent dans l'oratoire sacré, exposent le saint Sacrement et entonnent le *Tantum ergo*, qui, à travers les voûtes vibrantes, s'élève vers les cieux, descend vers les abîmes et se plonge dans la vallée. Quelle scène sublime et religieuse ! Tous les genoux sont pliés, toutes les têtes sont inclinées.... Plusieurs milliers de personnes sont disposées en forme de guirlandes vivantes sur les rives du Chéran, ou groupées sur les rocs et les précipices comme des bouquets de fleurs pour les embellir. On se sent alors transporté dans une région nouvelle ; l'âme s'ouvre aux impressions pures et surnaturelles, et tous les cœurs sont frappés de dévotion, de respect et d'admiration. C'est un des beaux moments, un des heureux jours de la vie! Dieu est là.... Salut donc, ô sanctuaire de Marie! salut, murs sacrés, vénérables témoins de la foi et de la piété de nos aïeux; tous les souvenirs qui planent au-dessus de vous sont pour nous, doux, purs, ineffaçables.

Salut et reconnaissance, ô *Vierge de l'Aumône!* qui, au milieu des calamités publiques, des incendies, des pestes, des guerres, avez tant de fois sauvé la ville de Rumilly. Vous serez toujours le refuge et la protectrice de ce pays. Oui, salut au nom de la religion, et reconnaissance au nom de la patrie!....

NOTRE-DAME-DE-VALFLEURY

> A sept lieues de Lyon est le célèbre pèlerinage de Notre-Dame-de-Valfleury.
> Le P. PORRÉ.

..... On m'avait dit : « Ce chemin qui blanchit devant vous, bordé d'une haie odorante d'aubépine, c'est le chemin de Valfleury. »

Je remerciai la bonne femme ; elle reprit dans ses bras un gros enfant dont elle essayait les premiers pas. Je rejetai sur mes épaules mon modeste bagage de paysagiste, puis je repris, joyeux et empressé, le chemin de cette vallée que ses habitants appelèrent la *vallée fleurie.*

On m'avait vanté son site délicieux, son sanctuaire révéré ; il me tardait de la voir, de la connaître.....

Avez-vous quelquefois, dans vos excursions d'artiste, remonté une vallée douce et paisible, encadrée par de verdoyants coteaux, une vallée pleine de fraîcheur, s'inclinant par une pente légère vers l'Orient pour aspirer les premières caresses du jour, et déroulant dans le fond d'un gracieux berceau une ceinture veloutée de belles prairies? C'est Valfleury.

De vieux chênes, d'énormes châtaigniers, jetés sans ordre et sans symétrie, tantôt descendent jusque sur la prairie dont ils découpent les bords en franges irrégulières, tantôt remontent capricieusement, comme pour mieux laisser s'égarer la pelouse et les fleurs. Ces arbres forment un cadre agréable pour ce charmant paysage.

C'est presque au sommet de la vallée, et adossée contre la montagne, au couchant, que les populations construisirent, il y a bien des siècles écoulés, un modeste sanctuaire à la Vierge. Quelques maisons groupées sans art et sans régularité forment le village de Valfleury.

Toujours les peuples aimèrent à venir abriter leurs demeures à l'ombre d'un temple, d'une chapelle vénérée.

Près de la chapelle, une maison se fait remarquer parmi les autres. Ses murs sont plus blancs, son cep de vigne forme un cordon plus régulier ; la charmille s'y arrondit en berceau de verdure. C'est la maison des pieux disciples de Vincent de Paul, dont la sollicitude veille à l'entretien de la chapelle, dont le zèle inépuisable s'empresse de répondre aux vœux des nombreux pèlerins.

Tout autour se déploie une grande quantité d'arbres à fruit. Viennent les beaux jours du mois de mai, ce mois consacré à la Vierge, tous ces arbres couverts de la *neige odorante du printemps*, rivaliseront de fraîcheur, d'éclat, de parfum, pour former, autour du sanctuaire, une blanche guirlande de fleurs à l'auguste protectrice de la contrée.

Descendons encore. Voici le sanctuaire de la Vierge ; une longue suite de marches dont les pas des pèlerins ont usé la pierre, dont le temps rompt chaque jour la régularité, conduisent à la porte principale.

N'attendez point ici de vieux murs noircis par le temps, un clocher à jour où se balance et crie au vent la cloche qui appelle à la prière ; sous les couleurs dont la piété des habitants le revêt sans cesse, le monument déguise son grand âge.

Sur la porte principale, une Madone couronnée de genêts, tenant dans ses bras l'enfant Dieu, semble déjà sourire au pèlerin qui vient, la prier et fait naître dans l'âme une vague émotion. Oh! n'écrivez point sur le fronton de l'édifice : *C'est ici la maison de la prière;* le cœur le devine assez.

J'étais entré dans la chapelle, je m'agenouillai devant l'image de la Vierge, je priai..... Partout j'admirai de nombreux emblèmes redisant la gloire de Marie ; partout des tableaux aux moulures d'or, des vitraux aux reflets mystérieux venaient rappeler ses vertus aux yeux des populations. Près de l'autel, orné de guirlandes de bluets et de coquelicots, où se mêlait la rose des buissons, je remarquai de nombreux *ex-voto* suspendus aux parois; ils redisaient les bienfaits de celle que les peuples aiment à appeler la *bonne Mère*.

La Vierge de la vallée a vu et voit encore tous les jours des cœurs simples et fervents, des âmes pures et confiantes exhaler leurs demandes et leurs vœux dans les flots de la prière.

Que de générations, me disais-je, sont déjà venues s'agenouiller devant cette image antique de la Vierge, dont le culte s'harmonie si bien avec ce site tranquille, avec ces mœurs pures et innocentes! Quelques mères étaient là, tenant dans leurs bras de tout petits enfants; elles venaient les consacrer à Notre-Dame; elles étaient si heureuses de les apporter elles-mêmes à son sanctuaire!

D'autres fois, si la distance est trop grande, on choisit une monture modeste, et deux petits enfants déposés dans de vastes paniers s'équilibrent sur le dos de l'animal docile. Voyez-les soulevant leurs têtes rieuses, sourire de bonheur, de plaisir. Ce jour-là, les mères les ont ornés de leurs plus beaux habits; elles ont entouré leurs bonnets bien blancs, de rubans aux couleurs éclatantes; puis, attentives pour ces tendres objets de leur sollicitude, comme elles suivent fières et heureuses !

Des vieillards qui sans doute eux aussi furent apportés enfants aux autels de Notre-Dame, traversaient silencieux les rues tortueuses et étroites du village. Ils portaient dans leurs mains le bâton noueux du pèlerin, et leurs doigts parcouraient dévotement les grains usés d'un chapelet béni. Ils s'arrêtaient avec attendrissement; puis, laissant tomber un regard sur ces petits enfants qui reflétaient tant de grâces et d'innocence : *Les beaux enfants !* disaient-ils tout bas.

Un sourire bienveillant de la mère montrait qu'ils avaient été entendus. Il est des choses qu'une mère entend toujours.

C'est ainsi que les deux extrêmes de la vie, l'enfance et la vieillesse, venaient se rencontrer aux pieds de la Vierge, dans une même pensée de confiance et d'amour.

J'ai pu juger moi-même de l'empressement de ces populations à se presser autour des autels de Marie. Dans une de ses fêtes, j'ai vu la foule affluer immense, innombrable. Ce ne sont pas seulement quelques pèlerins isolés, quelques familles réunies; ce sont des paroisses entières, ayant à leur tête le vénérable pasteur, qui apparaissent sur les côteaux, serpentent le long de la colline, disparaissent sous les grands arbres du chemin, se déroulent ensuite entre deux champs de blé, portant déployées au vent les images des saints patrons et de la Vierge; elles viennent lui confier leurs intérêts, la prier. La jeune fille y marche près de sa mère, le petit garçon suit à pas inégaux le père, peut-être l'aïeul, que dans d'autres jours il accompagne dans les travaux des champs.

Qu'il est beau le spectacle de cette foule pieuse et recueillie! Qu'il est solennel, ce chant des litanies qui s'échappe d'un seul cœur, et que mille voix font redire à l'écho de la vallée !

Deux cent mille personnes, me disait un respectable religieux, viennent chaque année offrir leurs prières à Notre-Dame-de-Valfleury, et lui demander assistance et protection.

Ne demandez point à ces vénérables vieillards de la vallée, ne leur demandez point combien de siècles se sont écoulés, depuis que la Vierge a choisi le val pour y fixer son séjour et y recevoir les hommages des populations : ils se contenteront de vous répondre en rejetant en arrière leur longue chevelure : Oh ! il y a bien des siècles !

Voici cependant quelques détails que je dois à l'obligeance d'un bon religieux ; peut-être pourront-ils vous intéresser.

C'était dans le neuvième siècle. C'était la veille de la Noël, ce jour que nos pères aimaient tant. Les montagnes de Saint-Christô, les sommets plus élevés et plus froids du Pilat, étaient ensevelis sous un vaste linceul de neige. Dépouillés de leur verdoyante parure, les arbres d'alentour n'offraient à leurs regards attristés que des troncs et des rameaux sans vie. La vallée cependant semblait se soustraire à ces rigueurs et braver la froidure. En se retirant pour faire place à l'hiver, le printemps lui avait conservé son dernier sourire. Au milieu des neiges répandues tout autour, une molle et verte pelouse se développait dans la vallée; quelques fleurs même s'y jouaient, insouciantes des frimats. Le genêt, étendant ses tiges flexibles, y balançait ses carènes d'or et confiait au vent du soir ses tièdes parfums.

Quelque étrange que fût ce prodige, les peuples y prêtaient peu d'attention, accoutumés qu'ils étaient à cent autres prodiges qui se passaient dans le val.

En effet, n'avait-on pas vu le soir, au déclin du jour, de longues traînées de lumières glisser rapidement dans les airs? N'avait-on pas vu de blancs nuages affectant milles formes gracieuses ou bizarres, s'abaisser sur le val en flocons neigeux et argentés? Quelques-uns même assuraient avoir vu une grande et belle dame fendre légèrement la nue, puis, blanche et radieuse, venir se reposer sur une roche isolée. (On montre encore aujourd'hui cette roche ; on l'appelle *le fauteuil de la Vierge*.) Enfin, n'avait-on pas entendu de petits anges faire ouïr de ravissants concerts et de célestes symphonies ?

Or, il advint que ce jour, veille de Noël, dans le val, comme autrefois dans la Judée, des bergers veillaient à la garde de leurs troupeaux.

Déjà, par de joyeuses volées, les cloches annonçaient la messe lumineuse de minuit. Dans la ferme on préparait les brandons qui devaient éclairer la route jusqu'à l'église prochaine. On mettait dans l'âtre la bûche de Noël soigneusement réservée pour ce jour-là. Préludant à la fête, les mères endormaient leurs petits enfants en leur disant de vieux noëls, et les pâtres dans la vallée faisaient dire à la cornemuse de gais refrains.

Heureux bergers ! c'est encore vous que

le Ciel choisira pour vous révéler ses merveilles.

Déjà, à la même époque, dans la Catalogne, des bergers ont découvert une image miraculeuse de la Vierge, qui deviendra célèbre sous le nom de Notre-Dame-du-Mont-Serrat.

Près de Lisbonne, sous le règne d'Alphonse V, d'autres bergers ont découvert une autre image de la Vierge, qui deviendra également célèbre sous le nom de Notre-Dame-de-la-Lumière.

Le Ciel préféra bien souvent la simplicité du pâtre à la science orgueilleuse du philosophe.

Presque au sommet du val, coulait une onde pure. (On conserve encore aujourd'hui cette source dans la chapelle.) Quelques touffes de genêts fleuris promenaient leurs tiges mobiles sur la fontaine ; de grands arbres, projetant tout autour leurs rameaux vigoureux, offraient leur ombre à la fontaine, et aux oiseaux un asile, un abri.

Voici qu'en ce jour une lueur inaccoutumée s'échappe du milieu des genêts. Les arbres sont inondés de flots de lumière que reflète le val; les troupeaux rassemblés ne sont point insensibles à ce prodige; les bergers, partagés entre l'étonnement et la crainte se réunissent, s'approchent. O prodige! à l'ombre de ces grands arbres, au milieu d'une touffe de genêts, sur les bords de la fontaine, une statue de la Vierge, une statue antique est là parfaitement conservée. Les bergers ne doutent point qu'ils ne soient les heureux témoins d'un miracle; ils s'agenouillent, et les premiers ils offrent leurs hommages à celle que tant d'autres personnes doivent venir prier après eux.

La nouvelle de cette découverte heureuse se répand bien vite. Des villages, des hameaux voisins on accourt, on s'empresse. C'est à qui aura le bonheur de toucher la statue. On songe à l'enlever de ce lieu; on veut lui donner un asile plus convenable, plus digne.

Efforts impuissants, c'est là que des mains

pieuses ont soigneusement caché cette image de la Vierge, alors sans doute que les Sarrasins pénétrèrent jusque dans nos contrées, livrant à la profanation les images des saints; c'est là aussi que la Vierge veut être honorée.

On s'empresse donc de lui ériger dans ce lieu même une modeste chapelle.

Avec quel zèle chacun veut concourir à sa construction et payer à la Vierge un juste tribut d'hommage! Quelques années s'étaient à peine écoulées, et déjà dans le val, Marie possédait un petit sanctuaire.

Mais, construit avec plus d'enthousiasme que de discernement, l'édifice chancelle sur ses bases mal assises, et s'écroule avec fracas. C'était encore le jour de Noël; la foule venait de quitter le sanctuaire après l'office du soir.

Personne ne fut atteint; la Vierge qui voulait être appelée la *Consolation des affligés* n'aurait pas voulu inaugurer son culte dans la contrée par le deuil et les larmes des familles.

C'est pour cela que chaque année, à pareil jour, dans la chapelle, on chante encore un *Te Deum* en actions de grâces.

Qui aurait pensé que le bruit de cette pauvre chapelle s'écroulant arriverait jusqu'au trône d'un religieux prince, d'un roi de France. Henri Ier a appris la chute du petit sanctuaire du val ; sa générosité ne sera point étrangère à sa réédification. Il veut, de plus, que des religieux soient attachés à la chapelle pour y entendre les confessions des pèlerins, comme le disent des lettres patentes en date de 1052.

A cette époque, un disciple de saint Benoît, le fervent saint Robert, venait de fonder l'abbaye de la Chaise-Dieu en Auvergne. C'est lui qui enverra des religieux desservir la chapelle de la Vierge-de-la-Vallée. On montre encore aujourd'hui les ruines de la pauvre cellule où, pendant plusieurs siècles les enfants de saint Benoît se sont succédé, vaquant à la science et à la prière.

Dès cette époque reculée, ce ne sont pas

seulement quelques bergers, quelques vassaux obscurs; ce sont encore de hauts et puissants seigneurs qui viennent s'agenouiller devant la statue miraculeuse et prier la Vierge-de-la-Vallée.

C'est ainsi qu'en 1250 l'on voit un noble comte de Forez se rendre à pied au sanctuaire de la Vierge, en compagnie de très-puissante dame de Jarez, son épouse.

Elle venait, la noble dame, implorer cette même faveur qu'une reine de France, Anne d'Autriche, devait, plus tard, venir demander à Notre-Dame-du-Puy.

Longtemps, dit la chronique, le comte et sa pieuse épouse demeurèrent agenouillés sur la dalle, dévotement prosternés aux pieds de la Vierge. Puis, le comte se levant : « Vierge-de-la-Vallée, dit-il, si tu entends ma prière, si tu exauces mes vœux, je jure d'aller combattre les infidèles, je jure de consacrer cette épée à la délivrance du tombeau de ton divin Fils..... »

Quelques mois après, le comte prenait la

croix, et, à la suite de Saint-Louis, il s'embarquait à Aigues-Mortes pour la Terre-Sainte.

Un an s'était à peine écoulé, et la noble dame venait, avec plusieurs mères, remercier la Vierge et lui consacrer son premier-né.

C'est ce même tableau que je retrouvais dans la chapelle, après bien des siècles écoulés; c'est ce même concours, ce même empressement de vœux, d'offrandes, de prières, que je voyais se succéder dans la vallée fleurie.

Les institutions humaines peuvent passer; il est une chose qui ne passe point, la confiance et l'amour des peuples pour la très-sainte Vierge.

NOTRE-DAME-DU-PASSANT

> Iter para tutum....
> AVE MARIS STELLA.

Dans un recoin ignoré d'Unterwald, sur le bord d'un sentier, qui, comme un long serpent, ondule entre les fragments éboulés dont le flanc de la montagne est couvert, au point le plus étroit du passage, là ou le voyageur, contemplant à ses pieds de plus profonds précipices et sur sa tête des blocs plus effrayants, s'avance entre deux menaces de mort, s'élève un petit oratoire ouvert, orné de peintures naïves représentant la sainte Vierge Marie. Cette douce image, ainsi placée loin de toute habitation et de tout secours, dans un lieu plein de terreur et de dangers, a reçu le nom de *Notre-Dame-du-Passant*.

La tradition rapporte qu'autrefois (il y a bien longtemps), ce lieu sinistre s'appelait le *Couloir du diable.* Les démons y faisaient sentinelle, et tout ce qui passait, voyageur, chasseur, berger, devenait leur victime. Tantôt l'affreux vertige poussait les malheureux dans les abîmes, au milieu desquels les sapins hauts de cent pieds paraissent comme des touffes d'herbes sur le bord d'abîmes plus profonds, et les vautours mêmes n'osaient les aller chercher là ; tantôt c'était la foudre qui les traversait comme une épée de feu ; tantôt le cri d'une cigale, l'aile d'un oiseau, le travail d'une fourmi, provoquaient la chute d'un quartier de roche, et, sous ces blocs énormes, les passants restaient ensevelis comme sous la pierre d'un tombeau. Bref, le chemin était maudit. Après avoir bien cherché les moyens de le rendre plus sûr, on imagina d'y bâtir une chapelle et d'y mettre une image sainte, afin que personne n'oubliât, quels que fussent la frayeur ou le péril, d'invoquer le nom du bon Dieu et de faire le signe de la croix. Mais où trouver des ouvriers assez hardis pour aller travailler là? Il s'en présenta cependant plusieurs qui s'y rendirent après avoir assisté à la messe. Et la sainte Mère de Dieu, pour prouver à ces hommes pieux, sa puissance et sa faveur, tant que dura leur travail, retint les rochers chancelants, par des *fils de la Vierge* accrochés aux brins d'herbes et aux branches des buissons. Depuis ce temps, le passage est sûr, il n'y arrive plus d'accidents ni le jour ni la nuit. Notre-Dame est si bonne, qu'elle protège et préserve tous les passants, même ceux qui ne la voient pas ou qui ne veulent point l'honorer.   L. VEUILLOT. *Pèlerinages de Suisse.*

Toute la vie de l'homme se retrouve sous les voiles de cette vieille légende suisse :

Le recoin ignoré d'Unterwald, c'est la petite place, l'humble coin de terre où Dieu mit notre berceau, et où, pour la plupart, un jour nous retrouvons tout à côté notre tombe.

Le sentier qui ondule entre les fragments éboulés dont le flanc de la montagne est couvert, le chemin maudit où les démons faisaient sentinelle, n'est-ce pas le chemin de la vie, la route qui va de la terre à l'éternité ?... Nous le côtoyons tous à pas lents ou à pas pressés, selon que le temps qui chevauche à nos côtés sur la route, nous presse ou nous retient. Mais si court qu'il soit, le chemin a ses dangers. Les démons y font sentinelle aussi : quand nous y essayons nos premiers pas d'enfant, ils sont là ; à quelques pas de plus, ce sont les passions qui tourmentent nos années d'adolescence et si souvent égarent notre marche. Deux pas encore, c'est le monde qui nous jette à l'encontre tous ces embarras de la route qu'on appelle or, gloire et plaisirs. En un mot, c'est le démon toujours à nos côtés.

Il y a aussi, comme dans la légende, sur le bord du sentier *des abîmes profonds* : c'est le péché, le crime, le désespoir. Mon Dieu ! que de passants pris de vertige nous avons vu s'y précipiter !!! Tantôt c'était en cueillant les fleurs dont le monde couvre habilement le précipice, tantôt dans l'ivresse d'une fête qu'il leur avait offerte sur la route, tantôt dans la fausse sécurité d'un repos trompeur!!! *Bref, le chemin est maudit...*

Cependant, c'est Dieu qui, dans des vues d'amour, nous a placés sur cette route de la vie. Marche, marche, nous crie sa voix, et le temps nous pousse, nous entraîne... que faire donc? il faut passer...

Après avoir cherché, nous dit la légende, *à rendre sûr le sentier maudit, on imagina d'y bâtir une chapelle et d'y mettre une image sainte, afin que personne n'oubliât, quels que fussent la frayeur et le péril, d'invoquer le nom du bon Dieu et de faire le signe de la croix.*

C'est ce qu'il nous faut faire aussi, nous pauvres voyageurs, afin de rendre sûr le chemin de la vie... Mais, déjà, depuis dix-huit siècles, *la chapelle* est sur la route, et *l'image sainte* y repose, et tout pèlerin peut invoquer *Notre-Dame-du-Passant*. Ah! les siècles nous disent assez que Marie n'a pas trompé l'espérance de ceux qui l'ont priée dans leur voyage de la terre au ciel.

Depuis ce temps le passage est sûr. Notre-

Dame est si bonne, qu'elle protège et préserve tous les passants. Courage donc, nous tous qui pérégrinons ensemble sur cette route semée de tant de périls, bon courage!... tout près est *Notre-Dame-du-Passant;* jetons un regard sur sa sainte image, invoquons-la du fond de nos cœurs, et ne craignons rien.

Il n'arrive plus d'accidents. Notre-Dame est si bonne, qu'elle protège tous les passants.

Courage! vous que l'infortune courbe vers la terre, levez vos yeux pleins de larmes vers Marie; le ciel n'est pas loin; encore une ou deux journées de marche, vous y arriverez sans malheur, si vous invoquez Notre-Dame. *Notre-Dame est si bonne, qu'elle protège tous les passants.*

Courage! vous aussi qui avez failli sur la route, vous dont les pas se sont égarés à la recherche du bonheur. Le bonheur n'est qu'au ciel! revenez sur le vrai chemin; Notre-Dame est là, vous ne vous égarerez plus. *Notre-Dame est si bonne, qu'elle protége tous les passants.* O Marie! puisque vous êtes si bonne, puisque vous protégez tous les passants, *même ceux qui ne vous voient point ou ne veulent point vous honorer*, vous nous protégerez, nous vos enfants de prédilection, nous qui voulons vous voir, vous honorer, vous bien aimer toujours ; vous exaucerez nos vœux, vous écouterez nos prières, vous nous protégerez, vous nous bénirez toujours, n'est-ce pas, bonne et douce Mère ?...

Quand nous essayons, à côté de nos mères, nos premiers pas sur le chemin de la vie, pour que ces pas se tournent vers vous et que nos bons anges nous aiment comme leurs frères, *Notre-Dame-du-Passant, priez pour nous !...*

Quand nous rencontrons les premières pierres de la route, pour que nous ne tombions pas, *Notre-Dame-du-Passant, priez pour nous !...*

Quand le chemin devient rude, quand nous côtoyons de bien près les abîmes que le monde sait couvrir de fleurs pour nous tromper, pour que nous n'allions pas les cueillir et rouler dans le précipice, *Notre-Dame-du-Passant, priez pour nous !...*

Quand la fatigue arrête nos pas, que le malheur et les chagrins de la vie nous découragent, ah! pour que nous ne tombions pas dans l'abattement et le désespoir, mais que nous recourions de suite à votre clémence, *Notre-Dame-du-Passant, priez pour nous!...*

Quand la route est à son terme, que nous sommes au bout du voyage, à quelques pas de la patrie, pour que nous arrivions là-haut avec des jours pleins de mérites et de vertus, *Notre-Dame-du-Passant, priez pour nous!...*

Bonne Mère, vous qui avez été pour nous, tout le long de la route, Notre-Dame-de-Bon-Secours, Notre-Dame-de-Consolation, Notre-Dame-d'Espérance, à ces derniers instants de la vie, soyez pour nous Notre-Dame-de-la-Bonne-Mort, Notre-Dame-du-Bon-Port, et lorsque nous serons au ciel, couronnez-nous en nous menant vers Jésus.

> Vitam præsta puram;
> Iter para tutum,
> Ut, videntes Jesum,
> Semper collætemur. Amen.

NOTRE-DAME-DES-MARAIS

à Villefranche (Rhône).

Entre les deux berceaux placés, l'un à la porte du temps, l'autre à celle de l'éternité, s'élève incessamment vers Marie un majestueux concert formé de tous les besoins, de toutes les souffrances, de tous les sentiments dont la rapide succession mesure la durée de la vie humaine. De là cette multitude de sanctuaires érigés sous des vocables tantôt tristes, tantôt gracieux, mais toujours consolants, depuis *Notre-Dame-de-Liesse* jusqu'à *Notre-Dame-des-Larmes*. Le cœur de l'homme est ainsi fait, que son isolement l'effraie, et qu'il éprouve comme un invincible besoin de rapporter chacune de ses affections à un patronage de miséricorde et de puissance. Or, qui mieux que Marie le lui peut offrir? Femme, elle fut abreuvée de toutes les douleurs; mère d'un Dieu, son trône est le second au ciel.

Ce besoin, l'homme ne le ressent pas pour lui-même seulement, mais encore pour tout ce qui l'entoure. Aussi a-t-il voulu qu'à côté de son hymne la nature chantât le sien en consacrant à la Reine du monde l'écho de ses rivages, de ses rochers et de ses vallons... Ecoutez : ici, *Notre-Dame-du-Lac;* là, *Notre-Dame-de-la-Grotte;* ailleurs, *Notre-Dame-du-Mont;* plus loin, *Notre-Dame-du-Chêne;* là-bas, *Notre-Dame-du-Val;* là-haut, *Notre-Dame-des-Neiges :* au penchant des abîmes comme aux cîmes perdues, il y a presque toujours une voix pour bénir la Madone, une voix pour faire rayonner l'espérance aux regards du voyageur égaré. Et quand, à cause des aspérités du sol, l'homme ne songeait pas à bâtir un oratoire, souvent c'était Marie elle-même qui descendait du ciel pour en jeter la première pierre : ingénieux symbole enseignant au pécheur que le plus sûr moyen d'élever un autel à Dieu, dans un cœur souillé, c'est de s'adresser à sa mère. Le moyen-âge est plein de légendes qui font remonter à une voix céleste, à une apparition surnaturelle, à une image miraculeuse, l'origine des sanctuaires de la sainte Vierge.

Telle est celle de l'église de *Notre-Dame-des-Marais*, à Villefranche (Rhône). La légende qui s'y rattache est populaire dans le pays ; le chroniqueur qui l'a recueillie en parle comme d'une tradition très-ancienne, « et, ajoute-t-il, quoiqu'elle soit jointe à un miracle, le Sauveur du monde a fait tant de merveilles, et en opère tant tous les jours, en l'honneur de sa sainte Mère, qu'il y aurait quelque espèce de témérité de ne pas croire celui-cy, que la foy de nos pères nous a transmis comme certain. »

On était à la fin du XII° siècle, à cette époque de chevalerie et de foi, où les preux *suspendaient leur lance aux palmiers de Syrie*, où les *maîtres d'œuvres* commençaient à faire surgir ces mystérieuses cathédrales, dont la majesté nous épouvante. Depuis un siècle environ, sur les confins du Beaujolais et du Lyonnais, les sires de la très-noble maison de Beaujeu avaient élevé une tour destinée à la perception des droits de passage à l'endroit où la route de Bourgogne entrait sur leurs terres. Le voisinage protecteur de la tour attira des étrangers, et peu à peu les habitations se multiplièrent de façon à former un gros bourg qui reçut le nom de *Villefranche*, à cause des *libertés, priviléges et franchises* dont le dota la munificence ducale. Au nord de cette agglomération s'ouvrait une vallée étroite, traversée par un ruisseau dont le lit peu profond laissait échapper ses eaux qui formaient ainsi un marais sur l'emplacement occupé aujourd'hui par la partie basse de Villefranche. Les bords du marais, couverts de hautes herbes, servaient de retraite à des bergers qui trouvaient là pour leurs troupeaux une nourriture abondante.

Or, dans ce marais, il se passa, au temps dont nous parlons, un événement extraordinaire. Voici comment il est rapporté par le chroniqueur déjà cité. Nous reproduisons son récit ; le ton de bonne foi qui l'anime, le cachet de simplicité dont il est revêtu, sont des caractères de vérité que nous craindrions d'altérer en cherchant à lui donner des ornements étrangers.

Donc, « un iour les bergers qui conduisoient leurs bœufs dans ce pâquerage, les virent se courber, se mettre à genou et se prosterner en terre, vers vn endroit que tous regardoient. Les bergers s'approchent, frappent leurs bœufs, pour les faire sortir de ce lieu, et ne pouvant les faire bouger de leur place, ils s'approchent du maretz, cherchent parmi les rozeaux, et y trouvent une statuë de la sainte Vierge.

» Ils en advertissent le curé de la ville et les principaux habitants; on visite le lieu, on trouve que le rapport des bergers est véritable. Tous ensemble viennent en procession prendre cette image, avec tout le respect et les sentiments de dévotion qui méritent vne action si sainte, et la portent dans l'église de Sainte-Magdeleine.... la reposant dans un lieu décent. Mais Dieu vouloit faire honorer sa mère d'vn culte plus grand et plus singulier. Le lendemain la statuë ne se trouva plus dans l'église de Sainte-Magdeleine ; le curé et les habitants bien étonnés, la vont chercher dans le maretz, et la trouvent au même endroit où ils l'avaient prise le iour de devant. Alors, ce second miracle leur faisant connoître que ce lieu estoit destiné au culte de la statuë et de la sainte Vierge, ils y bâtirent une chapelle qu'on appela la chapelle *Nostre-Dame-des-Maretz* [1]. »

Là donc, sous une appellation nouvelle, un oratoire s'éleva en l'honneur de Marie ; puis les générations, en se succédant, se léguèrent comme un pieux héritage, avec la tradition du miracle, le soin d'ajouter une pierre de plus à l'édifice qui devait en perpétuer le souvenir. Plus d'une fois, la libéralité des princes vint en aide de celle des peuples ; ce fut même une maison royale, celle de Bourbon, qui, vers la fin du XVᵉ siècle, voulut, de concert avec les habitants de Ville-

---

[1] Mémoires contenant ce qu'il y a de plus remarquable dans Villefrache, capitale dv Beaviolais, *Ant. Baudrand, imp.* 1671.

franche, offrir à Marie un gage d'amour, et laisser à la prospérité un témoignage de foi, en donnant à la basilique de Notre-Dame-des-Marais la splendide parure de pierre dont les restes mutilés provoquent encore l'admiration. Alors fut érigé ce porche où la sculpture sema ses richesses avec tant de profusion, où le ciseau broda des dentelles si délicates, se joua sous des pinacles de fleurs, créa des chardons inimitables, roula des feuillages si pleins de végétation, fouilla enfin chaque pierre pour en faire jaillir le sentiment et la pensée. Alors fut jetée vers le ciel, ainsi qu'une ardente prière, une flèche toute d'or et d'azur, qu'un vieux manuscrit désigne comme « *la plus belle qui fut en Europe,* » et qui ne vécut que peu de jours. — Cette fleur, dont l'architecture religieuse faisait hommage à *Notre-Dame-des-Marais*, fut l'une des dernières que son souffle inspiré fit éclore. Epuisée par sa propre fécondité, elle allait bientôt mourir.

Mais hélas ! l'avenir de ses aînées n'était pas réservée à cette fleur dernière de l'art monumental au moyen-âge ; foulée par le pied du passant, elle perdit avant le temps l'éclat de ses couleurs et la grâce de ses formes. — Quand il s'agit d'une œuvre de destruction, d'ordinaire c'est le temps qui commence ; ici, ce sont les hommes qui ont commencé. « La rage des huguenots, dans les guerres civiles, sous Charles neuvième, en a gâté les principaux ornements, en défigurant ce que la sculpture étalait de plus curieux. » C'est l'auteur des *Mémoires* où nous avons puisé nos renseignements, qui parle ainsi des ravages qu'eut à essuyer la basilique de Notre-Dame, par suite de la capitulation de Villefranche devant le féroce baron des Adrets. Quatre ans après (1566), un violent incendie, attribué à la malveillance huguenote, dévora la flèche merveilleuse. Vinrent enfin les démolisseurs de 93, qui promenèrent leur marteau sur ce qui avait échappé à la haine des calvinistes ; seulement ils se montrèrent plus impitoyables : armoiries, guirlandes, voussures, clochetons, statues, rien ne trouva grâce aux yeux du vandalisme. — Après tant de rudes assauts, la façade de Notre-Dame-des-Marais n'est presque plus aujourd'hui qu'une ruine ; mais c'est une ruine magnifique, empreinte de tout le sceau de sa grandeur passée, et destinée encore à redire aux siècles futurs la piété des générations qui, tour à tour, travaillèrent à l'embellissement de la petite chapelle dont la vierge Marie avait bien voulu poser les fondements au milieu d'un marais.

Heureux âges où la foi bâtissait des villes ! Heureux âges où l'on pensait qu'il était bien de placer sa maison à l'ombre d'un sanctuaire ! Le touriste du XIXe siècle se récrierait peut-être à la vue des rues tortueuses qui choquent les règles de la géométrie ; il trouverait sans doute que c'était mal avisé de construire une ville à travers des marécages. Le pèlerin d'autrefois ne jugeait pas de la sorte : il lui semblait naturel, à lui, que les enfants se rapprochassent le plus possible de leur mère ; il ne trouvait pas non plus surprenant que l'homme plantât sa tente de voyageur dans le lieu même que la Reine du ciel et de la terre n'avait pas dédaigné de choisir pour demeure. — Aujourd'hui que le compas et le niveau passent sur toutes nos cités, aujourd'hui que ce ne sont pas les mains de Dieu qui fondent les villes, mais qu'on lui assigne quelques mètres carrés comme à une bourse et à un théâtre, y a-t-il plus de joie au foyer domestique, plus de prospérités sur la place publique?

O sanctuaire cher à mon cœur! lorsque le vent de la tourmente gronde autour de moi, j'aime à venir m'agenouiller sur tes vieilles dalles où vinrent s'agenouiller mes pères; j'aime à prier sous tes ogives pleines de calme et de silence, où le jour n'arrive que mystérieusement reflété par tes vitraux historiés; j'aime enfin à me rappeler, près de toi, la Foi des anciens jours, semblable à l'orphelin qui s'en va au milieu des tombeaux converser avec ceux qu'il a perdus, et qui se retire consolé parce que, en face de l'indifférence du présent, il a rencontré de l'amour dans le passé.

NOTRE-DAME-DE-GRACES

Ave, gratiâ plena.

A l'extrémité méridionale du département de la Loire, sur le sommet d'un mont qui domine tout autour de lui l'uniforme plaine du Forez et le versant oriental des hautes montagnes de la Haute-Loire, s'élèvent de gigantesques ruines, qui vues de loin laisseraient croire à d'antiques restes d'un manoir féodal. Approchez de plus près, gravissez les longs et rudes sentiers de la montagne, et s'il y a de la foi dans le fond de votre âme, aux poétiques rêves que recherche le touriste succéderont des pensées bien plus douces, bien plus délicieuses encore. Tout autour de ce pic escarpé vous voyez pittoresquement assises çà et là quelques pauvres chaumières. Eh bien!

l'homme des champs qui les habite a pleuré bien longtemps au souvenir de sa chère Jérusalem; et sa Jérusalem à lui, c'était ce qui a disparu sous ces ruines que vous voyez encore là s'étendre au loin tristes et silencieuses; mais aujourd'hui le *Magnificat*, avec son beau verset *Suscepit Israel puerum suum*, a été chanté sous ces vieux pans de murailles, et l'on a entendu tressaillir de joie dans les vieilles tombes du sanctuaire les ossements des Pères qui ont autrefois parcouru ces lieux; et les échos de toutes ces montagnes ont redit d'inexprimables chants de bonheur; car là fut autrefois le sanctuaire de *Notre-Dame-de-Grâces*, là venaient autrefois prier de nombreux pèlerins, là s'élevait tout autour une jeunesse brillante et toute chrétienne, là Marie répandait ses richesses et ses faveurs; mais là aussi 93 vint amonceler ses décombres, deux incendies successifs achevèrent l'œuvre du vandalisme et le silence des tombeaux s'est fait cinquante années là où avaient retenti les plus beaux chants d'Israël... Cinquante années... Vous ne savez pas ce qu'elles ont duré à ces pauvres paysans tout remplis d'une foi patriarcale, et qui ont si amèrement pleuré sur leur impuissance à réédifier ce que leur avaient ravi des barbares. Mais le 2 août 1851, jour de *Notre-Dame-des-Anges*, tout ce petit village était en fête, en grande fête... Jamais plus beau soleil, soleil de bonheur et d'inexprimables joies, n'éclaira ces montagnes : on solennisait l'inauguration tant désirée de cette antique chapelle, placée depuis des siècles sous le beau vocable de *Notre-Dame-de-Grâces*, chapelle remplie autrefois de tant d'*ex-voto*, consacrée par tant de prodiges et parfumée de si précieux souvenirs. Les fils n'ont pas oublié que, pendant la vie de leurs pères, l'illustre Massillon aimait ces lieux bénis d'un amour de si grande prédilection, qu'il venait chaque année s'y reposer dans la retraite et la paix de ses graves et nombreux travaux.

Oh! que de grandes et belles choses j'ai vues dans ce jour solennel, où se montraient dans tout leur enthousiasme, dans toute leur naïveté, dans toute leur ferveur, et l'ardente foi et l'inexprimable reconnaissance de cette humble peuplade possédant enfin ce qui fut durant tant d'années l'objet de ses soupirs et de ses vœux les plus chers! Oui, j'ai trouvé dans ce coin le plus oublié du monde une foi capable de transporter les montagnes; j'ai vu tressaillir là des allégresses que l'on ne retrouverait peut-être nulle part ailleurs; j'ai vu tomber là des larmes qui ont été portées vers Dieu par ses anges, comme pour le dédommager de toutes les prévarications de la terre.

Sans doute ces bonnes gens avaient, ce jour, tout ce qu'ils avaient tant désiré, puisqu'ils revoyaient leur sanctuaire restauré, le saint Sacrifice de la Messe célébré sur ces ruines, et leur bonne Vierge, leur bien-aimée *Notre-Dame-de-Grâces*, couronnée de fleurs champêtres, à la même place où l'avaient invoquée leurs pères. Oh! c'était bien assez sans doute pour exciter leurs transports et faire couler leurs larmes d'action de grâces; mais savez-vous cependant que cette chapelle, autrefois si riche des dons des pèlerins, manque aujourd'hui de tout : des murs simplement crépits, un autel d'emprunt, et dans ses ornements, ses draperies, ses décors, une magnificence qui rappelle à peu près tout le dénuement de la pauvre étable où naquit le Sauveur.... Des dalles humides et à demi-brisées, point de table de communion, point de lampe, point de confessionnaux, point de cloches, des fenêtres ouvertes encore à tous les vents, pas le plus simple logement pour le savant et digne ecclésiastique qui s'est exilé sur ce pauvre rocher par pur dévouement, et qui a réclamé de ses supérieurs ce poste de sacrifice comme une faveur spéciale et longtemps demandée à Marie.

Et avec tout cela, point de ressources auprès des habitants, qui, presque tous, sont au dernier échelon de la pauvreté.

Ah! tout ce qu'ils ont pu faire, ils l'ont bien fait, et avec un dévouement si héroïque, qu'il dépasse même leurs trop modestes ressources.

NOTRE-DAME-DE-LA-GARDE

> *Fulgida Stella maris, nos protege, nos tueris.*
>
> Brillante Étoile de la mer, protégez-nous, défendez-nous.

Le sanctuaire où l'on invoque Marie sous ce doux nom de *Dame-de-la-Garde*, est un des plus vénérables et des plus antiques monuments élevés par la foi de nos pères à la Mère de Dieu. Son enceinte voit, chaque jour, une foule nombreuse se presser, pieusement recueillie, aux pieds de Celle qu'on n'invoqua jamais en vain. L'étranger venu de l'Orient y prie à côté du matelot français; le riche négociant s'y prosterne auprès de la pauvre femme de la halle, qui murmure doucement sa prière provençale; et les uns et les autres y trouvent également consolations dans leurs tristesses, secours et aide dans leurs besoins. Car Marie n'abandonne jamais ceux qui répondent à la miséricordieuse invitation que, du fond de son mystérieux et sacré sanctuaire, elle adresse sans cesse aux hommes, avec son Fils : *O vous tous, qui travaillez et que la souffrance accable, venez à moi, et je vous soulagerai.*

Aussi, avec quel bonheur les habitants de Marseille invoquent Marie sous ce titre de *Vierge de la Garde!* Elle est leur amour et leur vie, leur puissante tutélaire, leur refuge dans les calamités, leur *garde* contre tous les dangers. Dans leurs plus grandes joies, comme dans leurs douleurs les plus amères, son nom s'échappe instinctivement de leur bouche. Et lorsque viennent les fêtes de la *bonne Mère*, comme ils la nomment dans leur affectueuse simplicité, oh! alors, il y a grande solennité, grande affluence dans la sainte chapelle de la Garde, et surtout grande joie et grande piété dans les cœurs.

Si vous arriviez jamais à Marseille, le quatorzième jour du mois d'août, après le coucher du soleil et vers l'heure du dernier *Angelus*, vous apercevriez une montagne attenante à la ville toute en feu. Des barils de goudron et de résine enflammés et disposés tout autour de son sommet lui donnent presque l'aspect d'un volcan en éruption. Du milieu de cet incendie, des fusées s'élancent brillantes et rapides vers la voûte etoilée du firmament, puis retombent, dans toutes les directions, pareilles à ces météores qu'on voit, pendant les soirées d'été; briller un instant, glisser parmi les étoiles, s'éteindre et disparaître à l'horizon. Vous entendriez, en même temps, la voix imposante d'un bourdon dont les volées retentissent jusqu'à huit lieues en mer. Enfin, à travers et parmi tous ces feux dont l'immense clarté se projète et se réfléchit au ciel et sur les flots de la Méditerranée, la chapelle elle-même de Notre-Dame-de-la-Garde vous apparaîtrait éclatante et lumineuse comme une céleste vision, comme un palais merveilleux et enchanté.

En ce moment, toutes les cloches de la ville répondent par leurs joyeuses sonneries à la grosse cloche de la Garde, qui domine tous ces chœurs et ces concerts aériens. La pieuse mère de famille, faisant approcher ses enfants de la fenêtre, leur montre la brillante illumination, leur recommande de dire, avant de se coucher, une prière bien dévote à la Vierge Marie, et leur promet de les mener le lendemain visiter la bonne Mère dans son sanctuaire. L'habitant des champs regagne joyeux sa chaumière, et le pêcheur qui tend ses filets se hâte d'entonner un cantique en l'honneur de la Madone, patronne des pêcheurs et des matelots.

Oh! que le cœur d'un enfant de Marie est doucement ému à la vue de cet enthousiasme de tout un peuple qui se prépare ainsi à célébrer la fête de l'Assomption de la Vierge Marie!...

Mais après avoir assisté aux préparatifs, prenons part à la fête.

A peine le jour commençait-il à poindre,

que déjà la pente de la montagne était comme encombrée par la foule des pèlerins qui s'acheminaient vers Notre-Dame-de-la-Garde. Je gravis avec eux le rude chemin qui mène à la chapelle, non sans que mon cœur battît de joie et d'émotion, comme il bat à l'approche d'un événement, d'un plaisir longtemps désiré et longtemps attendu ; car, arrivé depuis très-peu de temps à Marseille, j'allais visiter pour la première fois le célèbre sanctuaire de la Garde. Parvenu au sommet, je m'arrêtai un instant pour jouir de la vue, qui est assurément des plus belles qu'on puisse imaginer.

De la plate-forme où s'élève la chapelle, on découvre, à la fois, la ville tout entière, le port avec sa forêt de mâts, la campagne avec ses innombrables villas ou *bastides*, comme on dit à Marseille, et la mer enfin, avec son horizon sans bornes.

Sentinelle vigilante, la Vierge de la *Garde* observe, de cette hauteur, les dangers qui pourraient menacer ceux qui, confiants en sa protection, ont dressé leur tentes à ses pieds, et reposent en paix tout au bas du mont sur lequel flotte sa blanche bannière. Sans cesse debout sur la cîme de ce rocher battu par les flots, elle étend sa main afin de bénir les vaisseaux qui partent pour de lointains climats; et, quand le rivage fuit et disparaît aux yeux de l'équipage, elle semble s'élever pour écouter la dernière prière et recevoir encore le dernier regard du matelot.

Non loin du rivage, sur un rocher qui s'élève, taillé à pic, du sein des flots, la prudence humaine a placé un phare pour diriger les navigateurs dans leur route pendant la nuit. La Providence de Dieu, non moins prévoyante, a placé sur le rivage le sanctuaire de Marie, phare mystérieux, étoile brillante des mers, pour diriger et sauver les matelots. Le gouvernement a dressé, sur ce même sommet de la Garde, et tout auprès de la chapelle, des mâts auxquels sont fixées des longues-vues dont on se sert pour reconnaître à leurs pavillons les vaisseaux qui passent à l'horizon. Mais l'œil de Marie va plus loin que le regard de l'homme; il embrasse tout le vaste espace qui sépare la côte de Marseille de la plage d'Afrique et des rivages de l'Asie, et si quelque bâtiment luttant contre la tempête est menacé du naufrage... si les vents apportent à son oreille attentive des accents de détresse.... si quelque part la voix d'un matelot lui crie : *Marie! ô bonne Vierge de la Garde! sauvez-nous, car nous allons périr!...* aussitôt elle commande à la mer et aux vents, et à sa parole, les vents se taisent et les flots s'apaisent.

Mais ne laissons pas plus longtemps nos regards errer et se perdre par-delà les vastes plaines de la mer; hâtons-nous de pénétrer dans la chapelle avec la foule pieuse des pèlerins.

L'église de Notre-Dame-de-la-Garde n'est pas remarquable comme monument d'architecture, car elle est peu vaste, peu élevée et peu régulière. Et cependant jamais ami des beaux-arts n'éprouva, en visitant les plus beaux chefs-d'œuvre de la Grèce ou de Rome, sensation aussi vive que celle qui remue le cœur d'un chrétien quand il entre pour la première fois dans cette sainte chapelle. Ces vieux murs tout noircis par la fumée des cierges, ces pierres usées par les générations qui sont venues de siècle en siècle s'y prosterner; ces milliers d'*ex-voto* qui racontent, en leur muet mais éloquent langage, les merveilles opérées par la main de Marie; ces sept lampes qui brûlent dans sept vaisseaux suspendus devant la statue de la Vierge, comme pour lui rappeler sans cesse qu'elle est la patronne des marins et des matelots; enfin, cette statue elle-même de la *Bonne Mère* qui vous sourit, son divin Enfant qui vous tend les bras, tout transporte l'imagination et ravit le cœur dans une émotion que se rappelle avec charme et bonheur celui qui l'a éprouvée, mais qu'en aucune langue humaine il ne saurait redire!

La messe que j'entendis fut dite par un des révérends pères jésuites qui desservent la chapelle. Au moment de la communion, de nombreux convives prirent part au banquet préparé par le Père de famille, et reçurent le Pain des voyageurs.

Quand l'auguste sacrifice fut terminé, un chantre entonna, de la tribune de l'orgue, l'*Ave maris Stella*, et les voix de ces milliers d'hommes, de femmes, d'enfants, redirent avec transport les belles strophes de l'hymne en l'honneur de l'*Etoile de la mer*. Ici encore ma plume est impuissante à retracer ce que mon cœur a ressenti.... Il y a, en effet, quelque chose qui saisit l'âme et la ravit dans ce chant d'une harmonie toute céleste, dans cette humble prière des enfants d'Adam, faisant halte un instant pour se recommander à l'Etoile bienfaisante qui éclaire leur obscure et pénible chemin. C'est le chant douloureux et plaintif des Hébreux assis sur les rives de Babylone.... c'est le chant de la caravane qui traverse le désert.... c'est le chant du voyageur auquel il tarde de secouer enfin de ses pieds la poussière d'une longue route, du pauvre proscrit qui pleure de joie à la seule pensée que bientôt il va revoir le ciel aimé de la pa-

trie et recouvrer l'héritage de ses pères....
C'est le chant du soir des matelots.

Maintes fois sans doute, vous vous êtes représenté la prière du soir à bord d'un vaisseau, vous avez écouté par la pensée les matelots chantant, sur le pont, l'*Ave maris Stella*, leur chant favori. Vers les dernières heures du jour, heures d'inquiète mélancolie, au moment où les ténèbres vont descendre sur les flots et engloutir dans leur obscurité dangereuse la route des navigateurs, l'homme, se voyant seul en présence de l'abîme du ciel où se perdent ses regards, de l'abîme des mers dont une planche fragile le sépare, n'ayant plus d'autre phare que la Providence, entendant mugir l'Océan et siffler le vent dans les cordages, n'a pas de peine à ouvrir son cœur à la prière, et c'est du fond de son âme qu'il s'écrie alors, au milieu de tous les périls qui l'environnent, *Iter para tutum*....

> Brillante Etoile du marin,
> Ah! montrez-nous notre chemin!...

Tels étaient les sentiments qui se pressaient

en mon cœur pendant le chant de l'*Ave maris Stella*. Ne naviguons-nous pas tous sur une mer semée d'orages et d'écueils? Le vent des calamités et des fléaux qui souffle par le monde n'est-il pas aussi violent que le vent des tourmentes et des tempêtes sur l'océan? Sommes-nous moins exposés au naufrage que les pauvres matelots? Notre route est-elle moins obscure, notre barque moins fragile?... Ah! nous aussi nous devons nous recommander à l'*Etoile des mers!* Heureux si, jusqu'à ce que notre barque touche au port, elle daigne briller au-dessus de nos têtes, nous guider, nous protéger et nous défendre!

Fulgida Stella maris, nos protege, nos tueris.

Après le chant de l'*Ave maris Stella*, un père jésuite pria les personnes qui venaient d'entendre la messe de vouloir bien sortir de la chapelle, afin que la foule, qui attendait dehors, pût entrer à son tour. Ce ne fut qu'avec une peine infinie que nous vînmes à bout de sortir, tant cette foule était compacte. En un instant, l'église fut de nouveau remplie, et la multitude qui demeurait en dehors parut à peine diminuée. Beaucoup de gens se retirèrent sans avoir pu pénétrer dans la chapelle, mais non sans avoir adressé une fervente prière à la *bonne Mère*, l'épaisseur des murailles étant un obstacle impuissant pour arrêter les élans de leur foi. Pendant tout le jour, la foule demeura aussi grande et aussi empressée.

Avant de descendre de la montagne, je visitai, avec les bonnes gens de la campagne, la *grosse cloche*, qui a été fondue à Lyon. Oh! que de fois le son de cette cloche m'a fait tressaillir, lorsque, me promenant, le soir, dans la campagne ou sur le bord de la mer, je l'entendais qui sonnait l'*Angelus!*

Pendant l'après-midi de ce même jour de l'Assomption, je fus témoin des processions qui se font de tous côtés dans la ville et dans la campagne, en l'honneur de Marie. Toutes les statues de la Vierge, depuis la belle et haute statue d'argent de *Notre-Dame-de-la-Garde* jusqu'aux plus modestes de village, sont portées en triomphe par les confréries de pénitents, parmi les oriflammes et les bannières qui flottent au vent, au son de la musique et au chant sacré des cantiques. Je voudrais pouvoir vous retracer les principaux traits de cette belle scène; je voudrais surtout vous montrer la sainte Vierge s'arrêtant presque devant chaque maison, tantôt pour recevoir sur ses épaules un voile richement brodé, ou à son cou un ruban qui suspend quelque beau cœur d'or, tantôt pour écouter les compliments que que de petits enfants habillés de blanc et couronnés de fleurs lui adressent naïvement sur son passage.... Mais pour ébaucher, même à grands traits, ce gracieux et poétique tableau, il faudrait esquisser auparavant le caractère primitif, l'imagination ardente, les us et coutumes, les mœurs en un mot, des populations méridionales.

NOTRE-DAME-DU-ROCHER

Quelques années se sont à peine écoulées, depuis qu'une brillante manifestation de la Mère de Dieu est venue émerveiller deux enfants, et faire tressaillir de joie et d'admiration d'abord la France, puis l'univers catholique.

Mille fois béni déjà, le nom de Marie est devenu plus doux encore ; il a rayonné d'une nouvelle gloire ; il a ravivé plus d'un cœur.

Gloire à vous, ô mon Dieu ! soyez loué de ce que par fois vous détachez du firmament la noble étoile de Jacob, pour l'envoyer parmi nous, faire luire ses gracieux rayons au sein de nos ténèbres.

Courez, pieux enfants de Marie, courez vers la sainte montagne de la Salette ; baisez avec amour les pas que la Reine des cieux a marqués sur la terre ; recueillez avec respect les paroles augustes qu'ont entendues deux jeunes bergers, humbles intermédiaires qu'a daigné choisir la messagère céleste.

Or, voici qu'à l'autre extrémité de la France, sur la pieuse terre de Normandie, où la divine Vierge s'est choisi plus d'un sanctuaire célèbre, au fond de cette petite presqu'île que vous voyez au nord-ouest de la carte, vers le milieu de la Manche, Marie vient d'appeler encore deux enfants, deux petits frères, à lui préparer un nouveau trône où elle vienne s'asseoir pour écouter les prières du petit et du pauvre.

Ici rien de merveilleux, mais tout semble providentiel. Votre sagesse, Seigneur, a plus d'un moyen de procéder.

« Frère, c'est aujourd'hui le premier jour du mois de Marie ! » dit un petit garçon de huit ans à son frère qu'il conduisait par la main, car il avait à peine cinq ans. Et ils étaient presque cachés dans la bruyère et accrochés à un rocher qui pendait à trente mètres au-dessus du torrent.

Qui donc les avait conduits en ce lieu, le jour même où la rose mystique commence à répandre d'une manière plus suave son doux parfum?

« Déposons ici la petite image de mon catéchisme ; tu sais, cette jolie image que maman m'a donnée. — Oh! oui ; et nous viendrons tous les jours du mois la prier et lui apporter des fleurs : n'est-ce pas, frère? et puis la bonne Vierge nous aimera bien. — Nous aimera-t-elle autant que maman nous aime? — O mon petit frère, elle nous aimera bien davantage encore! »

L'image fut déposée sur le rocher, à moitié cachée sous une petite pierre, car le vent l'eût emportée dans les profondeurs de la vallée. Deux voix pures comme deux voix d'enfants redirent à Marie le salut de Gabriel.

Le lendemain, une statuette remplaça l'image. Elle trouva place dans une fente du rocher. Deux fleurs furent laissées à ses pieds.

Ainsi, ô Marie, vous avez pris possession de ce lieu.

« Demain, frère, veux-tu que nous apportions nos bêches? Nous ferons un petit parterre. — Oui; tu as raison, et la bonne Vierge nous aidera : nous serons ses ouvriers. »

Soyez toujours, enfants naïfs, les heureux ouvriers de Marie!

Le troisième jour vit les jeunes enfants traversant les bruyères. Ce jour là ils se disaient : « Allons à Notre-Dame-du-Rocher! »

Bonne Vierge! voyez avec complaisance vos petits ouvriers gravir la colline. Cette fois, avec leurs instruments, ils apportent, dans un panier, leur petit repas, afin de demeurer plus longtemps à votre œuvre, et ils sont munis de graines et de plantes.

Déjà une gerbe de mousse est devenue le trône de la statuette; la bruyère a fait place à de jolies fleurs; deux siéges sont dressés; c'est tout un oratoire.

Mais le dimanche suivant, qui a dit dans les collines du voisinage, que sur cet âpre rocher, Marie s'est choisi une place? — Que venez-vous faire sur ce côteau inculte?.... Pourquoi foulez-vous aux pieds le serpolet qui croissait en paix dans cette solitude? — Marie est là!... On nous a dit que Marie est là!... »

Alors continuez de rouler entre vos doigts les grains des chapelets que vous tenez; n'interrompez pas vos pieux cantiques.

Le beau mois arriva à sa fin, mais comment enlever au rocher l'image vénérée, vers laquelle tant de regards se portaient chaque jour?

Elle dut demeurer là, et les deux enfants furent joyeux d'avoir à continuer leurs travaux. Depuis ce temps, à peine deux jours se sont écoulés sans qu'ils aient visité Notre-Dame-du-Rocher. Un sentier a été tracé, les cailloux incommodes ont roulé dans le torrent, le gazon de la prairie est venu couvrir le sol stérile, les arbrisseaux de la vallée ont offert l'ombre de leur feuillage. Des bras plus puissants venant au secours des trop faibles ouvriers, une grotte a été formée avec des quartiers de roche, une enceinte a été élevée, et ce lieu sec et aride, le voilà transformé en un délicieux oasis.

Or un soir, les deux petits frères arrivèrent auprès de la grotte. C'était au moment où le soleil disparaissait derrière une forêt de pins. Quelques oiseaux cherchaient, pour la nuit, un abri dans une touffe de hêtre pendante au rocher. Au fond de la vallée on entendait le ruisseau heurter les cailloux, et de bien légers brouillards humectaient les fleurs de la prairie. Une voix se fit entendre, une autre voix lui succéda, puis les deux voix s'unirent.

PREMIÈRE VOIX.

A tes pieds, Vierge tutélaire,
Nous déposons de blanches fleurs :
Ce que nous avons bonne Mère,
Nous te l'offrons avec nos cœurs.
Daigneras-tu, douce Marie,
Jeter les yeux sur tes enfants ?
Nous t'implorons, Vierge bénie,
Prête l'oreille à nos accents.

SECONDE VOIX

En faisant ce pèlerinage,
Je me disais, le cœur joyeux :

A genoux devant son image,
La Vierge nous verra tous deux.
Oh ! pour te faire ma prière,
Moi, je n'ai pas cueilli de fleur,
Car je disais : Ma bonne Mère
Aimeras mieux mon petit cœur,

LES DEUX VOIX.

Entends, Reine des cieux, ton enfant qui t'implore :
Son bonheur est de te chérir :
Son plus grand déplaisir c'est qu'il ne peut encore
Assez te louer, te bénir.
Ici tu charmes notre enfance ;
Nous y passons de doux moments ;
Notre plus chère jouissance
C'est d'élever vers toi nos chants.

PREMIÈRE VOIX.

Toi qui chéris notre innocence,
Daigne conserver de longs jours
Aux protecteurs de notre enfance,
Qui nous feront t'aimer toujours.
A cette grotte solitaire,
Il nous est doux de te chercher ;
Nous t'aimerons comme une mère,
O *Notre-Dame-du-Rocher !*

SECONDE VOIX.

O Marie ! ah ! dis-moi toi-même
Ce que tu veux bien me donner ;

Car tu le sais, Mère, je t'aime,
Mais je ne sais point demander.
Oui, mes vœux c'est, avec mon frère,
De venir souvent en ces lieux
Invoquer pour ma tendre mère
Celle que je possède aux cieux.

LES DEUX VOIX.

Entends, Reine des cieux, ton enfant qui t'implore :
    Son bonheur est de te chérir :
Son plus grand déplaisir c'est qu'il ne peut encore
    Assez te louer, te bénir.
    Ici tu charmes notre enfance ;
    Nous y passons de doux moments ;
    Notre plus chère jouissance
    C'est d'élever vers toi nos chants.

Cependant, comme la suave odeur des fleurs du vallon, comme ces brumes légères que, le matin, le vent promène entre les côteaux, le nom de Marie a volé de bouche en bouche : Notre-Dame-du-Rocher !... Allons à Notre-Dame-du-Rocher !... Et chaque jour voit arriver de nouveaux pèlerins. On les compte par centaines.

Notre cœur s'est réjoui, vous le savez, ô bonne Mère, quand nous avons entendu le murmure de la prière venir du haut du rocher se mêler au bruissement du ruisseau qui coule à vos pieds.

Mères pieuses, amenez encore vos petits enfants aux pieds de la Vierge divine; elle vous apprendra à les aimer en mères chrétiennes; elle leur apprendra à vous chérir.

Consolez, Marie, consolez cette mère que nous avons surprise pleurer devant vous. Offrez ses larmes à votre fils: c'était pour le sien qu'elle vous implorait.

Un soir nous avons vu avec attendrissement un pauvre déposer sur la roche la besace qu'avaient remplie les dons de la charité, joindre ses mains noircies par le froid, pousser un gémissement de fatigue et de reconnaissance vers la Mère du Dieu qui vécut pauvre. Vous ouvrirez, ô bienfaisante Vierge, vous ouvrirez à ce pauvre la porte du riche.

Nous savons un cœur que pressuraient la douleur et l'inquiétude, sur qui vous avez laissé tomber la lumière, le calme et la consolation. Merci, ô Marie! merci pour ce cœur que vous avez soulagé : gardez-le toujours entre vos mains.

Mais quels sont ces deux jeunes enfants qui arrivent se tenant par la main et qui sourient de bonheur à la vue de la sainte image? — Où demeurez-vous, charmants enfants? — Nous demeurons là-haut. — Déjà nos regards se portaient vers les nuages; mais ils avaient indiqué une colline dans le lointain. — Voici Celle que vous cherchez.... Priez, petits anges, priez avec amour. Votre cœur ne sera jamais plus pur, et à votre âge il est si aimant!

Jusqu'ici, Providence adorable, tout a été votre ouvrage; elle sera encore votre œuvre la solennité qui se prépare, cette solennité à laquelle personne ne pense et dont vous avez disposé tous les détails pour la gloire votre fille bien-aimée.

Le jour choisi est cher à la piété : c'est le premier du beau mois.

Le nom de Marie a de nouveau retenti dans les hameaux; la bonne nouvelle d'une fête à Notre-Dame-du-Rocher est allée porter la joie et ranimer la piété dans mille cœurs. On l'attend avec émotion. Tant mieux, ô Marie! une fois de plus votre nom sera acclamé par mille bouches.

L'heure a sonné, la cloche paroissiale a vibré dans les airs sa voix sonore et solennelle. La religieuse procession s'ébranle; elle se déroule à la porte de la chapelle d'un château voisin, maison connue de l'infirme, du pauvre et de quiconque souffre. Paix et grâces à la noble famille qui a donné asile à la nouvelle Madone!

Que vient faire ici le bruit du tambour? et ces armes? et ces drapeaux? Retirez-vous, hommes armés; ici, nul ennemi, personne à combattre : tous les cœurs ne sont-ils pas dans le cœur de Marie? Retirez-vous : ou plutôt venez aussi, vous. Oui, la douce Vierge veut bien recevoir l'hommage que vous venez lui rendre; marchez à la suite de la croix, elle donnera un relief à vos drapeaux; sans elle, vos armes ne vous défendraient pas.

Jeunes enfants! levez haut vos cinquante

bannières, vos frais étendards aux douces et pures couleurs, aux religieux emblêmes : la croix rayonnante, le nom divin apporté des cieux, le cœur percé du glaive prédit par les prophètes, les étoiles symboliques, l'étoile de Jacob, l'étoile du matin, l'étoile de la mer.

Un religieux silence, commandée par une pieuse émotion, accueille le passage de la blanche statue, élevée sur les épaules de jeunes vierges et entourée de fleurs. Elle semble accueillir avec intérêt les hommages semés sur son passage, et l'enfant divin paraît sourire à celui qui marche devant lui, portant sur un coussin le petit diadème qui, au lieu désigné, sera déposé sur son royal front.

Derrière l'image sainte, entre les mains d'une jeune personne au port grave et modeste, est portée l'élégante couronne qui ceindra le chef auguste de la fille des rois.

Une longue suite de jeunes filles vêtues de blanc marchent sur les pas de leur reine. L'élégante simplicité de leur tenue, la naïve satisfaction qu'elles éprouvent d'avoir été admises pour ajouter à la fête, attirent les regards, excitent dans le cœur de leurs mères un mouvement de plaisir et de bonheur.

Mais les yeux se voilent de larmes à la vue des deux enfants qui ont préparé à Marie le lieu vers lequel se dirige la nombreuse réunion. Ils marchent l'un à droite, l'autre à gauche du brancard triomphal.

La feuille du hêtre nouvellement épanouie et dont la teinte si délicate charme les yeux, l'odorante aubépine, l'ajonc doré et le modeste genêt en fleur tapissent les sentiers que parcourt le pieux cortége. L'alouette, le mauvis, le merle et le rouge-gorge mêlent leurs sonores accords aux poétiques invocations des litanies qui redisent les titres glorieux de l'auguste Vierge.

Mais nous voici au sommet du rocher... il vient d'être creusé; une croix se dessine dans les airs. A ses pieds, sur la roche nue, les jeunes vierges déposent leur précieux fardeau Là, comme autrefois sur un autre rocher, Marie est debout devant la croix.

6*

Plusieurs milliers de fidèles se pressent autour du roc, désormais sanctifié par la présence de deux signes religieux. « Marie était debout auprès de la croix de Jésus, dit le prêtre à la foule attentive, et là parvint à son cœur la parole heureuse qui nous la donna pour mère.... Soyez la bienvenue en ces lieux, ô Marie ! daignez y réaliser la belle mission que vous confia votre fils mourant. »

Puis l'eau bénite toucha la croix nouvellement érigée et la statue inaugurée à l'instant même.

Alors il y eut un de ces moments touchants et solennels dont la religion a le secret. Un long crêpe funèbre flotta autour de la croix ; un souvenir douloureux, comme un frisson subit, serra les cœurs. Un murmure qui, un instant sembla se confondre avec celui du torrent s'échappant des rochers, annonça la prière pour les morts. Celui dont la piété, venant en aide aux désirs des deux enfants, avait voulu élever cette statue à la Mère de Dieu, était passé à une autre vie.

Croix vénérable, signe sacré, longtemps vous redirez que là, sur ce roc au-dessus duquel vous apparaissez, fut bénite à la face d'une nombreuse assemblée, la Madone qui, tout à l'heure, va humblement chercher plus bas le lieu où elle puisse, placée entre la croix et les suppliants, intercéder pour quiconque viendra réclamer son suffrage.

Autrefois Marie parcourut les montagnes de la Judée : ô pieuse Normandie, réjouis-toi ! voici l'image de la cousine d'Elisabeth qui passe en triomphe sur la cîme de tes collines.

Soyez à jamais célébrée, soyez à jamais glorifiée, ô ma bonne et tendre mère! dans ce beau diocèse de Coutances. Un de vos plus dévoués serviteurs m'enseigne qu'en ce même diocèse, vers la fin du onzième siècle, votre très-pure conception honorée pour la première fois par une fête devenue ensuite fête de toute l'Eglise. Gloire, oui gloire, ô Marie, à votre très-pure et très-immaculée conception, en faveur de laquelle vient de s'élever une voix qui retentira à jamais dans les échos de l'avenir, la voix du grand pape, la voix de Pie IX.

Mais la dévotieuse procession a parcouru les hauteurs. Voici la grotte à demi cachée par les arbrisseaux. Y déposer la statue érigée à votre honneur, était le but de la solennité. Désormais n'y laissez plus arriver personne sans communiquer à son esprit un de ces rayons que vous avez montrés brillant à vos mains, sans dire à son cœur une de ces paroles puissantes que vous a confiées l'amour de votre fils.

C'est fait : le joyeux chant de Pâques, *Regina cœli lætare*, *alleluia*, a, pour la première fois, fait résonner le rocher.

L'œuvre de votre providence est accomplie, ô mon Dieu! Votre fille bien-aimée régnera sur ces côteaux. Oh! si vous vouliez envoyer en ce lieu, que la piété aimera à fréquenter, un de ces anges qui forment là-haut la cour de la Reine des cieux! qu'il veille sur ces vallons, qu'il appelle les voyageurs égarés dans ces sentiers, qu'il reçoive et présente à sa divine

Maîtresse les pèlerins que le besoin ou la reconnaissance y attireront, qu'il écarte tout ce qui pourrait nuire *au jardin de la bonne Vierge.*

Le cantique sacré que Marie fit entendre dans la maison d'Elisabeth retentit en actions de grâces : mille voix le redisent. Le cortége descend *le sentier des Deux-Enfants.* Mais qui dira l'empressement de la foule à jeter un dernier regard sur l'image bénie ? C'était à regret, et en se promettant de revenir, que l'on s'éloignait.

Ils reviendront dès demain, ô bonne Vierge ! et tous les jours du mois que votre nom décore, les deux enfants que vous avez choisis ; leurs mains tresseront souvent une couronne de pâquerettes, d'aubépine ou de lilas ; ils remueront encore la terre à vos pieds, et ils sèmeront, en racontant vos louanges, la violette, l'anémone et le pavot. Regardez-les, protégez-les, aimez-les.

Je tairai leurs noms ; ils ne veulent être inscrits que dans votre cœur.

O sainte fête ! ô douce solennité ! puisse votre souvenir demeurer encore longtemps gravé dans les cœurs. Qu'ils soient toujours les enfants de Marie, ces nombreux enfants qui ont agité dans les airs leurs pacifiques drapeaux, qui ont déployé leurs blanches et élégantes bannières. Ah ! nous vous en conjurons, enfants, n'oubliez plus qu'un jour vous avez marché autour de la Mère de Jésus, sous les étendards de la candeur, de la pureté, de toutes les belles vertus. Vous, jeunes personnes qui avez été honorées par les belles fonctions qui vous ont été confiées en cette solennité, vous vous plairez sans doute à redire qu'un jour vous formiez sur la terre la cour de celle que les vertus et les archanges entourent dans les cieux ; retracez donc, dans le cours de votre jeunesse, les louables qualités, les sentiments élevés et toute l'admirable conduite de l'humble Vierge de Nazareth. Pour vous, fidèles de toutes conditions, dont nous avons vu la religieuse émotion, dont nous avons vu les yeux humides, dont les expressions de bonheur, d'admiration, de foi ont frappé nos oreilles, souvenez-vous toujours qu'un jour vous avez dit : « Oh ! qu'elle est belle la gloire de l'incomparable Vierge !... »

TABLE

Notre-Dame-des-Roses. — Légendes. . . 5

Notre-Dame-des-Anges. 16

Notre-Dame-de-l'Aumône, près de Rumilly (Savoie). 25

Notre-Dame-de-Valfleury. 37

Notre-Dame-du-Passant. 53

Notre-Dame-des-Marais, à Villefranche (Rhône). . 61

Notre-Dame-de-Grâces. 71

Notre-Dame-de-la-Garde. 75

Notre-Dame-du-Rocher. 89

— Lille. Typ. L. Lefort. 1858. —

www.ingramcontent.com/pod-product-compliance
Lightning Source LLC
Chambersburg PA
CBHW070246100426
42743CB00011B/2157